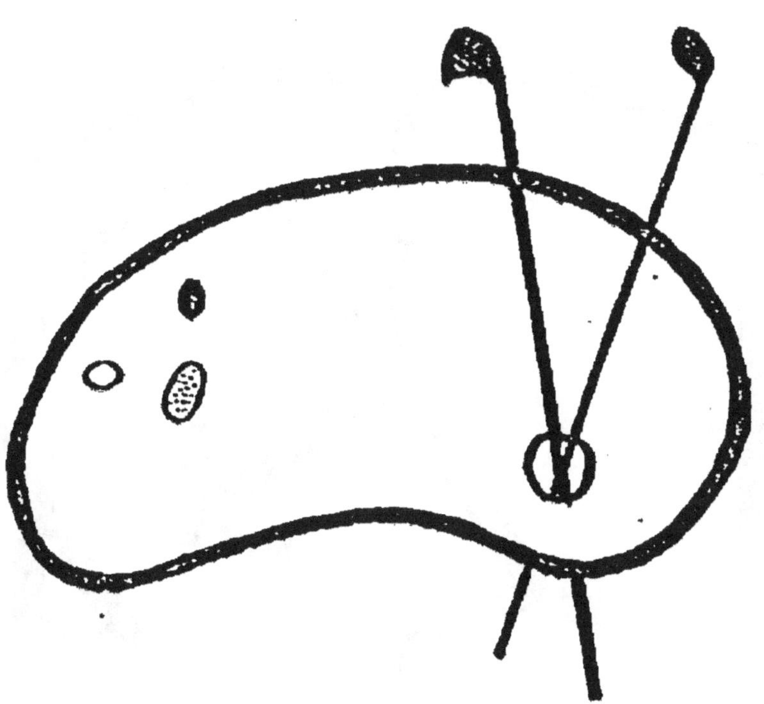

DEBUT D'UNE SERIE DE DOCUMENTS
EN COULEUR

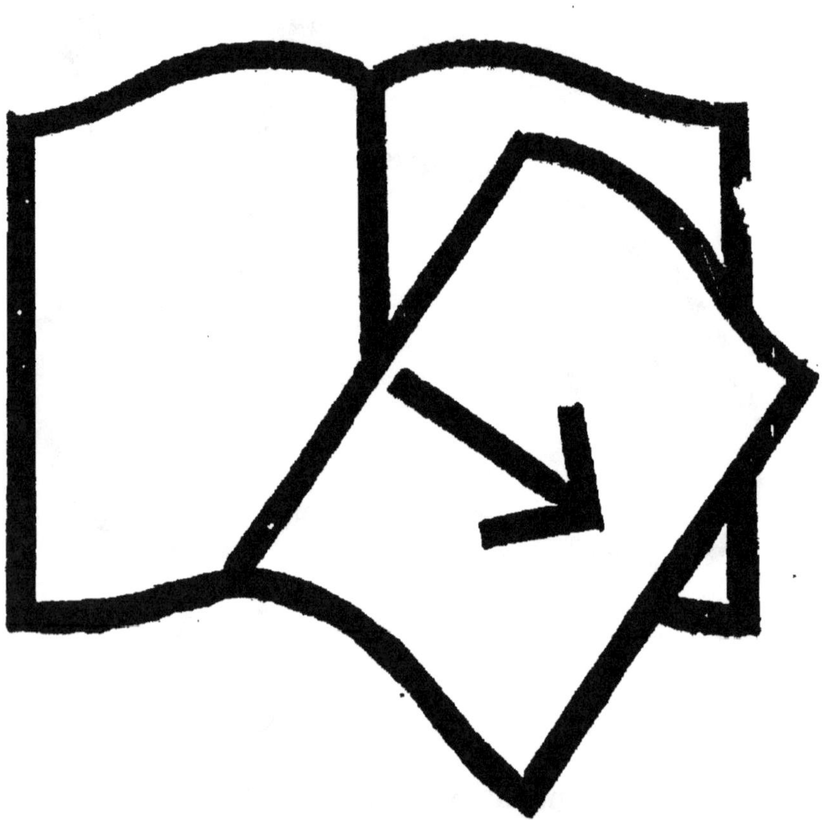

Couverture inférieure manquante

PANAGHIA-CAPOULI

OU

MAISON DE LA SAINTE VIERGE

PRÈS D'ÉPHÈSE

LIBRAIRIE RELIGIEUSE H. OUDIN

PARIS
10, RUE DE MÉZIÈRES, 10

POITIERS
4, RUE DE L'ÉPERON, 4

1896

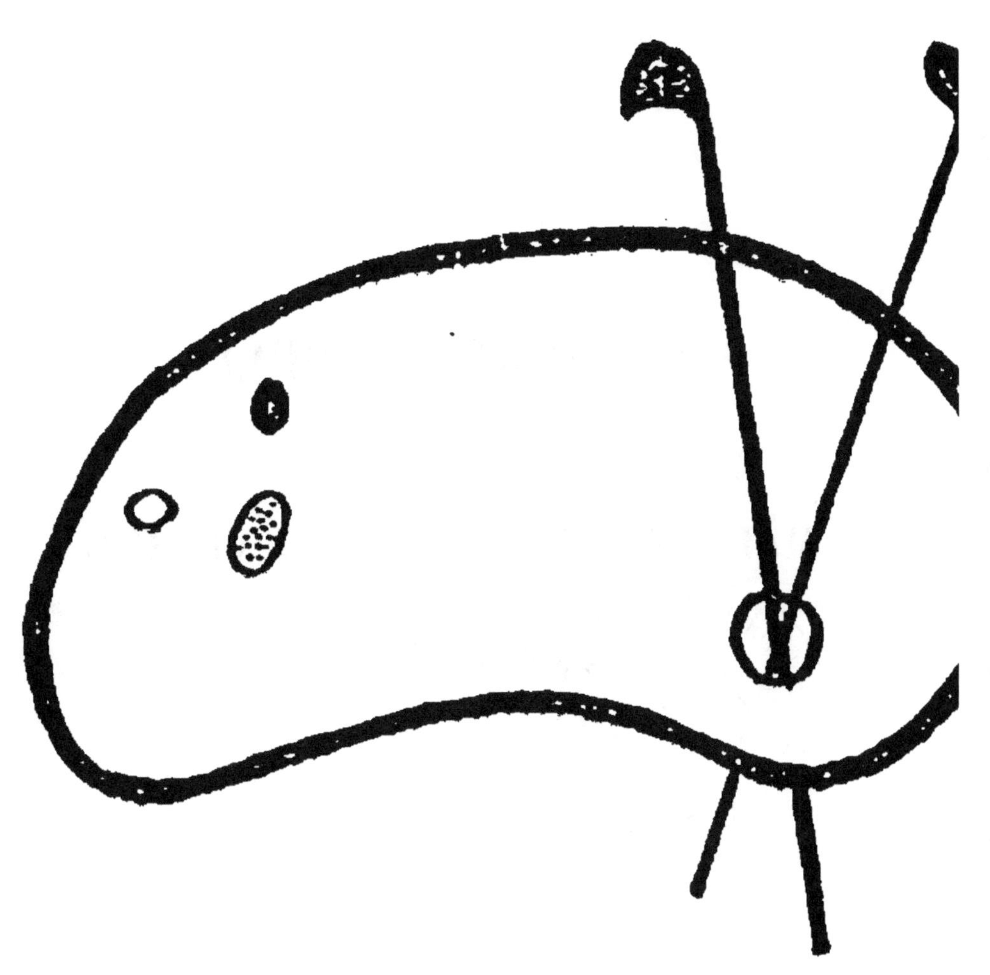

FIN D'UNE SERIE DE DOCUMENTS
EN COULEUR

PANAGHIA-CAPOULI

OU

MAISON DE LA SAINTE VIERGE

PRÈS D'ÉPHÈSE

POITIERS. — TYPOGRAPHIE OUDIN ET Cie.

PANAGHIA-CAPOULI

OU

MAISON DE LA SAINTE VIERGE

PRÈS D'ÉPHÈSE

LIBRAIRIE RELIGIEUSE H. OUDIN

PARIS
10, RUE DE MÉZIÈRES, 10

POITIERS
4, RUE DE L'ÉPERON, 4

1896

AVIS AU LECTEUR

Nous publions cette brochure dans le but unique de mettre les Fidèles au courant d'une découverte qui peut les intéresser.

Les uns croiront ; d'autres douteront et se réserveront ; d'autres nieront et peut-être même combattront.

Chacun est libre entièrement de garder son opinion personnelle. Tout ce que nous désirons, c'est que du choc des idées jaillisse la lumière et que la vérité arrive à se faire jour.

Smyrne — mercredi 25 mars 1896.

En la fête de l'Annonciation de la sainte Vierge.

A. P. Timoni, *archevêque de Smyrne,*
Vic. Ap. de l'Asie Mineure.

PANAGHIA-CAPOULI

OU

MAISON DE LA SAINTE VIERGE

PRÈS D'ÉPHÈSE

CHAPITRE I

COMMENT ON A ÉTÉ AMENÉ A CHERCHER.

Vere Dominus est in loco isto, et ego nesciebam.
(GENÈSE, XXVIII, 16.)

Vers la mi-novembre 1890, la *Vie de la sainte Vierge*, par *Anne-Catherine* EMMERICH, tomba entre les mains de quelques prêtres demeurant à Smyrne. Ces prêtres, il faut l'avouer, n'étaient rien moins que bien disposés en faveur de Catherine Emmerich et de ses *prétendues révélations*. Ils lurent pourtant son livre.

Grand fut leur étonnement de ne trouver, au lieu

des *rêveries* auxquelles ils s'attendaient, que simplicité, candeur, droiture et bon sens.

Ils firent part de leur lecture et de leurs impressions à leur entourage. De longues et intéressantes discussions s'engagèrent, les uns, la majorité, critiquant avec verve et humour; les autres — ceux qui avaient lu — répliquant avec une patience infatigable que, sans trancher la question de fond, il y avait au moins *trois mérites* qu'on ne pouvait dénier aux *visions* de Catherine Emmerich : celui de la bonne foi, celui de la piété, celui enfin de n'avancer rien qui ne puisse cadrer parfaitement avec les données de l'Evangile.

Nous laisserons de côté ces discussions qui durèrent des mois, pour arriver tout de suite à ce qui en fut la conclusion pratique et le complément tout à fait inattendu.

Dans les deux derniers chapitres, la voyante raconte que la sainte Vierge a séjourné à Ephèse, ou plutôt aux environs d'Ephèse, dans une maison bâtie pour elle par saint Jean. Et là-dessus elle entre dans les détails les plus minutieux et les plus précis, non seulement sur la maison elle-même, mais sur le pays environnant, sur le site, sur l'orientation, sur les distances, etc., etc., etc.

A cette lecture il n'y eut qu'un cri dans les deux

camps: *Il faut aller voir !...* Et il fut décidé qu'on irait voir. On ne pouvait en effet souhaiter meilleure occasion, d'un côté comme de l'autre, pour saisir la voyante en flagrant délit de fausseté ou constater jusqu'à l'évidence sa parfaite véracité.

Le plus *sceptique* des opposants — non le moins compétent dans la matière — fut chargé de l'expédition.

Il prit avec lui un autre prêtre, ancien soldat de 1870 comme lui et presque aussi *incroyant*, un domestique pour les bagages, un homme du chemin de fer, et il partit, fermement résolu à fouiller toute la montagne pour bien établir *qu'il n'y avait rien*, et en finir une fois pour toutes, comme il disait, *avec ces rêveries de fille !...* Nous allons voir comment ce fut tout le contraire qui arriva.

C'était un lundi, 27 juillet 1891, fête de sainte Anne, cette année-là, d'après le calendrier romain.

A Ephèse, on s'adjoignit un cinquième compagnon dans la personne de Mustapha, brave nègre musulman et chasseur de profession, qui, fusil à l'épaule, couteau à la ceinture, eut pour mission de guider la petite troupe au milieu des montagnes, et au besoin de la protéger contre les rôdeurs malfaisants, chose point rare dans ces parages.

Le premier jour fut employé à prendre des informations et à explorer les environs immédiats d'Ephèse.

Le deuxième jour, de 4 heures du matin à 10 heures du soir, on fit le tour de la montagne dans un cercle de cinq à six lieues, afin de reconnaître le terrain et de circonscrire le champ des recherches.

Le troisième jour, 29 juillet, un mercredi, jour dédié à saint Joseph, et fête de sainte Marthe, on s'engagea résolument dans la montagne, boussole à la main, et allant droit devant soi, dans la direction indiquée par Anne-Catherine Emmerich.

C'est ici qu'il faudrait entendre les membres de l'expédition raconter eux-mêmes ce qu'eut de pénible leur ascension dans la montagne, par des sentiers abrupts, à peine praticables et sous un soleil de feu qui les dévore.

Tous les cent pas, ils s'arrêtent épuisés, s'asseyant à terre pour reprendre haleine et se reposer quelques instants; puis ils se relèvent, avancent un peu, et s'arrêtent bientôt de nouveau. A un moment donné, un des hommes qui accompagnent, n'en pouvant plus de lassitude, s'étend à terre absolument découragé et déclare qu'il aime mieux mourir là que d'aller plus loin.

Enfin, vers onze heures, ils finissent par atteindre

un plateau qu'ils trouvent couronné par un champ de tabac où travaillent quelques femmes.

En tout autre moment, la vue de ces femmes, de ce champ en culture, n'eût pas manqué de frapper leur attention. Mais dans l'état d'accablement où ils sont, harassés de fatigue, mourants de soif et de chaleur, ils n'ont tous qu'une seule pensée et qu'un cri : *Néro! Néro! De l'eau!... de l'eau!*

— Nous n'avons plus d'eau, disent les bonnes femmes; mais là-bas, au *Monastiri*, il y a une source; et de la main elles leur indiquent un bouquet d'arbres à dix minutes de là. Ils y courent.

Quelle n'est pas leur surprise, lorsqu'en approchant de la fontaine, ils découvrent, à quelques pas, cachées sous les grands arbres, comme les ruines d'une vieille maison ou chapelle!...

Tout à coup une pensée jaillit dans leur esprit. Ce champ qu'ils viennent de traverser... cette ruine antique .. ce nom qu'on lui donne de Panaya-Capouli, « Porte de la Vierge »... ces rochers à pic... cette montagne derrière... cette mer en face... ? ? ? Quoi! est-ce qu'ils seraient tombés, sans le savoir, sur la maison qu'ils cherchent!... L'émotion est vive. Vite! il se faut assurer!

Catherine Emmerich dit que, du haut de la montagne qui abrite la maison, on doit apercevoir *Ephèse* d'un côté, et de l'autre *la mer*, et la mer, *plus rapprochée qu'elle n'est d'Ephèse.*

On oublie fatigue, chaleur, soif. On grimpe, on court, on arrive au sommet de la montagne. Plus de doute! Voilà sur la droite Aya-Soulouk, le Prion et la plaine d'Ephèse qui l'entoure en fer à cheval; et voici, sur la gauche, la mer tout près, avec Samos en vue!

Il serait difficile d'exprimer le saisissement et la joie de nos explorateurs.

Cependant il ne faudrait pas se laisser prendre à quelques apparences. Il s'agit donc de se bien assurer avant de porter un jugement quelconque, avant surtout de parler.

Les deux jours qui suivent sont employés à étudier maison, terrain, orientation, lieux avoisinants, etc., etc., etc. Après ces deux jours d'examen et d'étude, la conviction était faite. Nos hommes revinrent alors à Smyrne faire part aux *amis* et aux *ennemis* de leur étourdissante découverte.

Quinze jours après, 13 août, une seconde expédition se rendit sur les lieux pour contrôler le rapport de la première. Elle constata le bien fondé de tout ce qu'avaient dit les auteurs de la première expédition, et même elle releva certains détails nouveaux, favorables, qui avaient échappé la première fois.

Du 19 au 25 août, troisième expédition, composée du chef de la première et de quatre ou cinq laïques instruits.

Cette troisième expédition demeura une semaine entière sur le terrain, mesurant, dessinant, photographiant, relevant avec toute l'exactitude possible chaque point quelque peu important. Après six jours de ce travail, elle rentra à Smyrne avec plans, cartes, mesures, dessins, photographies, et surtout avec l'assurance la plus entière qu'*on avait trouvé*, et qu'il n'y avait plus à chercher ailleurs.

Depuis lors, d'assez nombreux visiteurs se sont succédé à Panaya-Capouli, catholiques pour la plupart, mais de toutes les nations et de toutes les conditions : Français, Anglais, Italiens, Belges, Ottomans ou Raïas, etc., etc.; etc. Prêtres, religieux, professeurs, commerçants, chefs d'agences et d'administrations, ingénieurs, officiers de marine, publicistes, etc.

Quelques-uns des plus notables, non contents d'approuver de vive voix, ont laissé des attestations écrites et signées où ils expriment nettement leur conviction personnelle.

Disons enfin que l'autorité diocésaine a elle-même parlé, consacrant en quelque sorte par son propre témoignage tous les témoignages précédents, et leur donnant par le caractère officiel de sa parole le dernier sceau de la véracité et de l'authenticité.

Le jeudi 1er décembre 1892, Mgr Timoni, archevêque de Smyrne, de qui Ephèse relève, voulant se rendre compte par lui-même de l'exactitude des rapports qui lui étaient faits de divers côtés, se transporta de sa personne, en compagnie d'une douzaine de notables tant laïques qu'ecclésiastiques, audit lieu de Panaya-Capouli. Après avoir attentivement tout observé de ses propres yeux, Sa Grandeur reconnut comme tout le monde qu'il y avait ressemblance indéniable entre la maison de Panaya-Capouli et celle que décrit Catherine Emmerich, et Elle n'hésita pas à consigner le fait dans un procès-verbal public et officiel dont on trouvera une copie authentique à la fin de cette brochure.

Cinq ans bientôt se sont écoulés depuis la première découverte. Chaque jour, pour ainsi dire, a amené de nouvelles études, de nouvelles visites, de nouvelles recherches, aboutissant toutes à confirmer le résultat des premières.

Après toutes ces études, toutes ces visites, toutes ces recherches, toutes ces constatations tant particulières que publiques, nous pensons qu'il n'y a plus à hésiter, et que le temps est venu de dire au *monde chrétien :* Voyez si ce qui a été trouvé n'est point la maison que la sainte Vierge a habitée pendant son séjour à Ephèse ?

Profil des montagnes au sud d'Ephèse
(Vue prise d'Ayassoulouk)

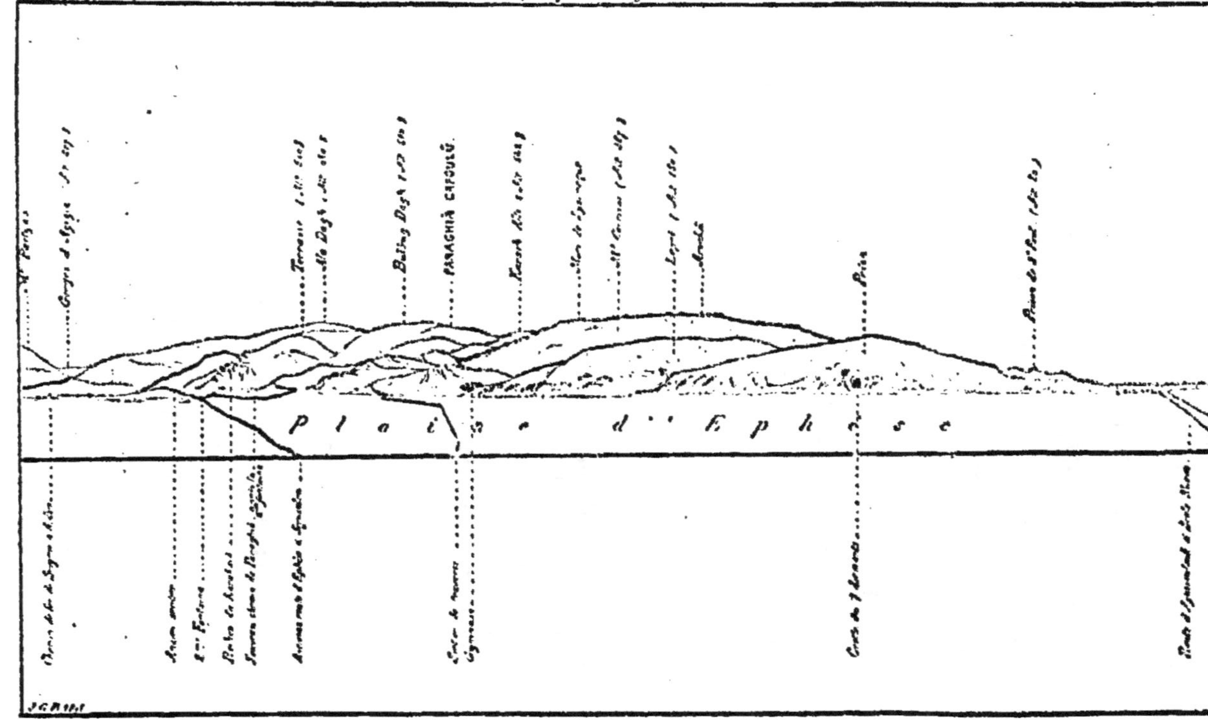

CHAPITRE II

CE QUE L'ON A TROUVÉ.

> Jean... étant parti pour Ephèse, l'emmena avec lui, et c'est là que cette B. Mère s'envola au ciel.
>
> (Benoît XIV. *Traité des saints Mystères*. — Vendr. saint.)

LA ROUTE.

Lorsqu'on sort de la gare d'Aya-Soulouk pour aller aux ruines d'Ephèse, on passe sous un aqueduc antique et on tombe mmédiatement sur la route de Scala-Nova.

Suivre cette route, une dizaine de minutes, jusqu'à la dernière maison, située à gauche, près d'une fontaine et en deçà d'une petite mosquée en ruine ; là, quitter la route, passer entre la mosquée et la maison et enfiler le chemin pavé qui débouche au delà de la fontaine : c'est, dit-on, l'ancienne route de Tralles, Hiérapolis, Jérusalem.

Quand on a suivi pendant quelque temps ce chemin, on rencontre brusquement sur sa droite un sentier assez large à son ouverture et allant en plein vers la montagne. Ce sentier traverse la plaine en diagonale, passe non loin du Gymnase, grimpe sur le flanc de la montagne et rejoint au sommet du premier contrefort le chemin de Panaya-Capouli. Par cette voie on abrège d'un bon quart d'heure, et aussi la vue est plus belle. On peut, dans la belle saison, prendre ce sentier. Mais en temps ordinaire mieux vaut continuer son chemin tout droit vers le sud.

Au bout d'une demi-heure de marche dans la direction du sud, on arrive à une deuxième fontaine adossée contre un monticule dont la crête est occupée par un hangar ou bergerie.

Ici le chemin se bifurque : au sud l'ancien chemin ; à l'ouest le chemin nouveau.

Si nous devions prendre l'ancien chemin, celui que décrit Catherine Emmerich et qui aboutit *à la terrasse*, nous continuerions d'aller au sud, suivant notre chemin jusqu'au fond de la plaine, pour chercher *les étroits sentiers*, puis nous ferions un long circuit dans la montagne avant d'en atteindre le sommet, et nous arriverions à la maison de la Vierge par le haut de la terrasse et par le *château*, après les *trois* grandes *heures* de marche dont parle Catherine Emmerich.

Mais nous laissons cet ancien chemin aujourd'hui abandonné, pour suivre le nouveau plus court et plus facile.

A partir du monticule et de la fontaine, on laisse le chemin qui oblique un peu vers l'ouest, et on coupe droit vers la montagne, par un sentier à demi caché dans les herbes. Au bout d'une centaine de pas, on tombe sur le lit desséché d'un torrent.

Prendre la droite de ce torrent, comme pour revenir à Ephèse. Bientôt on rencontre sur sa gauche un chemin creux qui s'ouvre entre deux haies ou deux murs de terre. En dix minutes, ce chemin vous mène à la montagne, au point même où aboutit le chemin nouveau de Panaya.

A remarquer dans cette première partie du voyage :

1° La *direction* de la route qui, de la première fontaine à la seconde fontaine — et plus encore jusqu'aux *étroits sentiers* — va constamment au *sud.* C'est donc vrai à la lettre ce que dit Catherine Emmerich : *qu'on trouve au sud d'Ephèse* les sentiers qui conduisent à la montagne.

2° La *position de la montagne.*

Elle est à droite lorsqu'on descend du nord au sud ; donc à *gauche,* lorsqu'on monte du *sud* au *nord.* Ainsi se trouve vérifiée cette autre parole : *sur une montagne, à gauche, lorsqu'on vient de Jérusalem.*

3° La *forme* même de la montagne.

Quand vous êtes à la hauteur du Gymnase, regardez si la montagne du Coressus ne se termine pas *à pic du côté d'Ephèse*, ou plutôt, selon le texte allemand, en pente très escarpée.

Regardez encore tout au sud vers le fond de la plaine, à l'endroit d'où partaient les anciens sentiers, et voyez si de ce point le Kara-Kaïa n'offre pas l'*aspect sauvage* qu'on lui prête.

4° Catherine Emmerich parle d'un *cours d'eau singulièrement sinueux* qu'elle a remarqué entre la *colonie* et la *ville*.

Strabon mentionne deux cours d'eau disparus aujourd'hui, qui arrosaient alors cette partie de la plaine, le *Marnas* et le *Sélinus*, et qui pouvaient répondre à ce que dit Catherine Emmerich.

Mais en dehors de là on peut signaler encore ceci : de nos jours, quatre ou cinq torrents sillonnent cette même vallée. Ces torrents, partant tous du chemin de fer à l'est et se dirigeant vers l'ouest comme pour battre la montagne, doivent, pour un observateur placé sur la crête, faire l'effet de couler entre la montagne et la ville.

Mais revenons au pied de la montagne où nous a conduits le nouveau chemin de Panaya. Encore une heure, cinq quarts d'heure au plus, et nous serons à la maison de la Vierge.

Nous ne nous attarderons pas à décrire les lacets que trace le chemin dans la première partie de la montagne, ni les croupes qu'il faut gravir, descendre ou contourner, ni les vues splendides que l'on a presque tout le temps : de ce côté-ci, sur la plaine d'Ephèse, le Prion, la mosquée de Sélim, le vieux château, Aya-Soulouk, l'aqueduc, le chemin de fer, les montagnes; — de ce côté-là, au loin, sur le Caystre, les lacs Sélinusiens, la mer et l'antique port de Panormos ; plus près, sur l'extrémité du Coressus, les champs d'Arvaïa et toute la région fameuse jadis par les bois d'Ortygie et la grotte de Latone.

Hâtons-nous d'arriver.

A quelques centaines de pas au delà d'un immense ravin, on trouve les limites de la propriété ; puis une montée avec les restes circulaires, presque enfouis, d'un vieil édifice, puis un plateau, puis une descente ; c'est la dernière !

Tout à coup, à un détour du chemin, à quelque distance vers la gauche, on aperçoit un peuplier qui s'élance fièrement vers le ciel. Près du peuplier, un bouquet d'arbres ; en avant, une maison. C'est Panaya-Capouli.

LE SITE.

Ce qui frappe tout d'abord à Panaya-Capouli, c'est le charme tranquille du paysage. Tout y est recueilli, et tout y est doux.

A l'extrémité *sud* du vallon, dans un coin, cinq ou six beaux platanes, qui croisent leurs branches puissantes, autour desquelles, sautant d'un arbre à l'autre, s'enroulent les lianes gigantesques d'une vigne sauvage et séculaire.

A l'ombre de ces platanes et de cette vigne, la maison de la Vierge, d'aspect simple et vénérable.

Derrière la maison, tout près, des rochers; puis la grande montagne du Bulbul-Dagh ou du Rossignol.

A droite, vers le sud, une suite de collines qui ferment complètement la vue de ce côté.

A gauche, vers le nord, les dernières pentes du Bulbul-Dagh qui viennent expirer au bord du chemin, en s'écartant un peu vers l'est.

Au nord-ouest, un fort mamelon, solidement assis entre les deux chemins d'Ephèse et d'Arvaïa, et dont l'aspect fait penser au Calvaire.

Par devant, à moins de cent pas, un ravin profond, qui part du Château et descend jusque près d'Arvaïa.

Maison de la sainte Vierge à Panaghia-Capouli. — Vue d'ensemble.

(Dessin d'après nature de M. H. Avelot).

En deçà de ce ravin, quelques jardins en culture ; au delà, un contrefort assez élevé qui borde le ravin.

En haut le ciel ; et d'un côté, un seul, entre le mamelon et le ravin, une échappée de vue sur la mer avec Samos en face, Samos dont les mille pointes donnent, à certaines heures du jour, par un effet particulier de lumière, l'illusion d'une infinité d'îles semées sur les flots.

Au pied de la petite terrasse sur laquelle est assise la maison, une fontaine qui coule toujours, égayant cette solitude, et fournissant l'eau nécessaire aux besoins journaliers.

Vraiment ! avec les sentiments et les pensées que nous avons coutume de prêter à la sainte Vierge, après la mort de son divin Fils, — morte à la terre, et ne vivant plus que pour le ciel, — on ne voit guère de solitude qui répondit mieux à ses dispositions intimes et qui pût mieux lui convenir.

LA MAISON.

Pour être à la fois clair, précis et complet, autant que possible, nous rangerons sous cinq chefs principaux tout ce que nous avons à dire de la maison : 1° position et orientation ; — 2° forme et plan général ; — 3° dimensions ; — 4° appareil de construction ; — 5° état actuel.

I. — *Position et orientation.*

En parlant du site, nous avons déjà suffisamment indiqué la position même de la maison. Nous ajouterons simplement que le pied de la montagne semble avoir été creusé ou aplani pour former une sorte de terre-plein qui sert d'assise à la maison et au bas duquel passe le chemin d'Arvaïa à Azizié.

L'orientation est parfaite : de l'ouest à l'est. La porte regarde l'ouest et la mer ; — le fond, l'est et la montagne du Bulbul-Dagh ; — le côté droit, le *sud*, et le côté gauche, le nord.

II. — *Forme et plan général.*

Donnons d'abord la *description de Catherine Emmerich*. On suivra mieux ensuite et avec plus d'intérêt celle que nous ferons nous-mêmes d'après le *vu* des lieux.

« La maison de la Vierge était faite de *pierres* et « *carrée*. Seulement *par derrière* elle était *ronde* « ou *octogone*.

« Les fenêtres étaient placées à *une hauteur considérable ;* elle se terminait par une plate-forme ;

« Elle était divisée *en deux quartiers*, par un foyer « placé au centre.

« La *partie antérieure* de la maison était séparée « de l'autre par des cloisons légères en clayonnage, « placées à droite et à gauche du foyer. — Quand « toute cette partie du logis devait être transformée « en une pièce unique, ces cloisons... étaient déta- « chées et enlevées.

« *A droite* et *à gauche* et *contre le foyer*, des portes « légères conduisaient dans l'autre partie de la « maison. Elle était plus *obscure* que la première et « se terminait *par une demi-circonférence* ou un « *angle*...

« Le *fond* de ce quartier, isolé du reste par un « rideau, formait l'*oratoire* de la sainte Vierge.

« *A droite* de cet oratoire, s'appuyant *contre une* « *niche* formée par la muraille, était la *chambre à* « *coucher* de la sainte Vierge.

« *En face* et *à gauche* de l'oratoire, on trouvait « une autre chambre, dans laquelle elle déposait « son linge et son petit mobilier.

« *Un large rideau* allait de l'une à l'autre de ces « chambres et *fermait l'oratoire* situé entre elles.

« *Le fond* de la chambre à coucher était formé par « la muraille recouverte d'une tapisserie. — La partie « de *droite* et de *gauche* était revêtue d'un ouvrage

« en *marqueterie.* — Enfin, la partie *antérieure* pré-
« sentait en son milieu une *porte légère* à deux
« battants, s'ouvrant à l'intérieur.

« Le *plafond* de la chambre à coucher était aussi
« de clayonnage et formé de pièces qui se rejoi-
« gnaient en faisant *une voûte.*

« La *couchette* de la Vierge, *appuyée contre le*
« *mur,* était une sorte de boîte creuse, haute d'*un*
« *pied et demi,* et n'ayant qu'une longueur et qu'une
« largeur fort ordinaires. »

Catherine Emmerich parle encore d'*un oratoire* existant dans la chambre même de la Vierge et *voisin de sa couche.* (Page 492.)

Telle est la *description de Catherine Emmerich.* Elle ajoute qu'*après la mort* de la sainte Vierge, l'humble maison *fut transformée en église.* (Page 507.)

Catherine Emmerich a décrit d'après ses visions. Voici maintenant, sur place, *ce qui est :*

1° La maison est *en pierres,* avec des parties de briques.

2° Elle se compose d'un rectangle, précédé d'un vestibule et flanqué à son extrémité *est* de deux chambres, l'une à droite, l'autre à gauche.

Carrée est la partie du bâtiment qui avance avec le vestibule. Carrées sont les deux chambres de

PLAN
de la maison de la Vierge après sa transformation en chapelle.

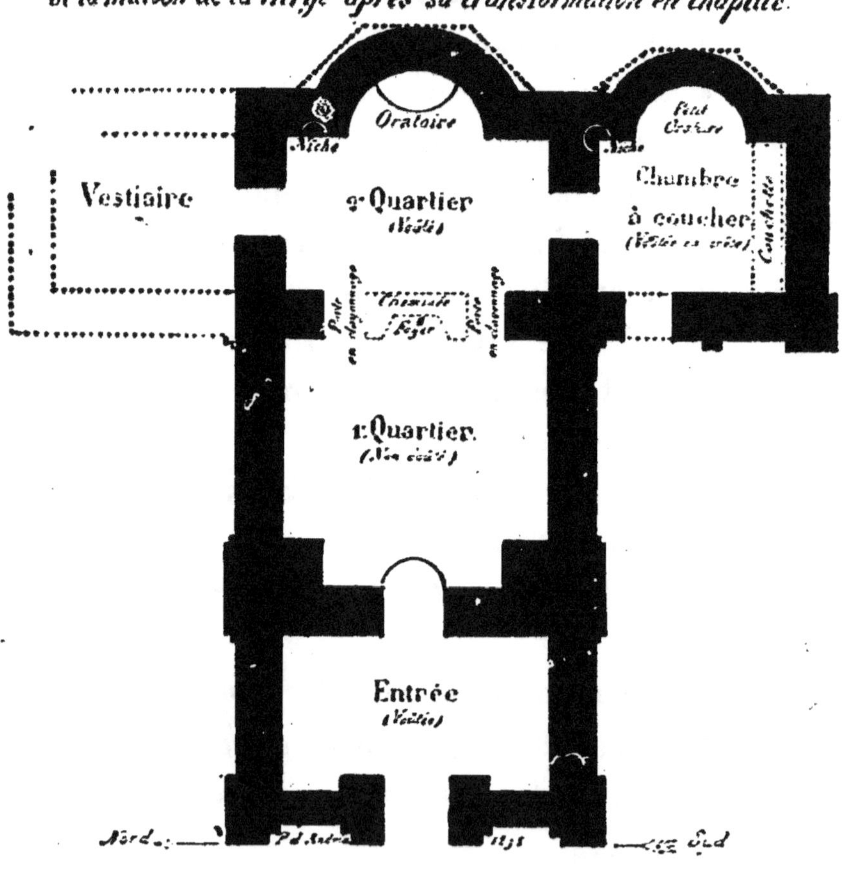

côté. On peut donc dire en toute vérité que la maison est *carrée*.

3°... «*Seulement elle était ronde par derrière...* » Le mur de derrière forme extérieurement deux saillies *rondes* ou demi-circonférences.

4°... « *et octogone...* ». Point trace d'octogone !... Pendant trois ans nous nous sommes perdus en suppositions. Un jour, l'idée nous vint de fouiller dans les terres accumulées avec le temps, derrière la maison. Quelle ne fut pas notre émotion, notre joie, lorsque, le vendredi 23 août 1894, la pioche des ouvriers trouva à 90 centimètres de profondeur et mit à jour *un octogone parfait !*

Il est là maintenant cet octogone, à découvert, démontrant aux plus difficiles que Catherine Emmerich voyait aussi nettement ce qui était sous terre que ce qui était dessus.

Lorsqu'on veut entrer dans la maison, on trouve d'abord un *vestibule*, percé de trois portes vraies ou simulées, dont une seule est ouverte, celle du milieu.

Ce vestibule est postérieur au temps de la Vierge. Nous y reviendrons plus tard.

Du vestibule on passe dans la maison proprement dite et dans la pièce principale.

5° Cette pièce se compose de *deux quartiers* bien distincts.

6° En entrant, un *premier quartier*, à peu près carré, qui n'offre rien de remarquable, si ce n'est quelques traces de peintures anciennes dans le bas des murs, et deux piliers carrés, placés aux deux angles de chaque côté de la porte, qui semblent servir de contreforts intérieurs à cette partie du bâtiment.

7° A la suite de ce premier quartier, un *deuxième quartier* dont le fond se termine par une *niche* ou *demi-circonférence.*

Ce deuxième quartier, moins long que le premier, est aussi moins large et d'aspect tout différent.

Moins large, à cause des murs qui, beaucoup plus épais en cet endroit, ressortent à l'intérieur, formant saillie de chaque côté.

D'aspect tout différent : 1° à cause de la niche ou oratoire qui le termine ; — 2° à cause des murailles latérales qui forment un grand arceau de chaque côté ; — 3° à cause de la forme du toit qui paraît avoir été en voûte.

8° *A droite* de ce deuxième quartier est la chambre à coucher de la Vierge.

9° *En face* de la chambre à coucher, et *à gauche* de l'oratoire, se trouve une deuxième chambre, celle dite du linge ou du mobilier.

10° Un rideau *allant de l'une à l'autre* de ces

Chambre à coucher de la sainte Vierge.

(Dessin d'après nature de M. J. de la Nézières.)

chambres *fermerait* entièrement l'oratoire situé entre elles.

Revenons à la chambre de la Vierge.

11° *Au fond*, le mur nu. Mais dans ce mur, à 48 ou 50 centimètres au-dessus de l'ancien plancher, *un enfoncement* de 2 m. 50 de long sur 0,67 c. de large, avec une saillie de 10 à 12 centimètres. C'est dans cet enfoncement qu'était la couchette de la Vierge et sur cette saillie qu'elle reposait.

12° Du *côté droit*, une porte dans le coin, donnant sur le dehors, puis la muraille.

13° Du *côté gauche*, dans l'angle même, en entrant, *la niche*, puis le mur, et dans ce mur, vers le milieu, l'*oratoire voisin de la couche* de la Vierge.

14° De ce côté encore, onze trous carrés, de même dimension, enfoncés de 15 centimètres dans la muraille, et placés sur deux lignes horizontales, 7 dans le haut de la niche ou oratoire, 4 en bas (1). Sont-ce les trous des échafaudages qui ont servi à construire ? Sont-ce les trous des pièces de bois destinées à soutenir la *marqueterie* dont parle Catherine Emmerich? On serait porté à le croire.

15° A trois des angles de la chambre, on aperçoit les restes de l'ancienne voûte en arêtes.

(1) On en voit trois autres plus profonds, dont deux aux extrémités de la couchette, qui semblent se répondre, etc.

16° La partie *antérieure* ouvre, par le grand arceau, sur l'intérieur du bâtiment central.

17° La chambre du mobilier est enfouie sous terre. On n'en voit rien, si ce n'est, au dedans, l'arceau où se trouvait la porte d'entrée, et au dehors, un bout de mur, près de l'octogone récemment découvert.

III. — *Dimensions.*

Lorsque l'on considère la maison du dehors et dans son ensemble, elle paraît assez considérable.

Lorsqu'on entre dedans, on est tout surpris de la trouver si petite. Il est vrai que Catherine Emmerich ne parle jamais que de *petit oratoire*, de *petite chambre*, d'*humble maison*.

Le bâtiment central a 5 m. 60 de largeur, *extra muros*, sur 9 m. 60, à peu près, dans sa plus grande longueur, sans le vestibule, et 13 m. passés avec le vestibule.

La chambre de la Vierge a extérieurement 4 m. de large sur 4 m. 50 de long, y compris l'oratoire du milieu.

On peut supposer que la chambre du linge ou du mobilier faisait pendant à celle de la Vierge et lui donner les mêmes dimensions.

Si maintenant nous mesurons l'intérieur, nous

Vue de l'intérieur de la Maison de la sainte Vierge,
prise de la porte d'entrée.

(Dessin d'après nature par M. R. Péré.)

Intérieur de la Maison de la sainte Vierge transformée en Chapelle.

(*Dessin d'après nature de M. H. Avelot.*)

trouvons pour la chambre de la Vierge 3 m. de large sur 3 m. 25 de long — et pour le bâtiment central, 4 m 25 de large sur 8 m. 50 de long, sans le vestibule, et 11 m. pleins avec le vestibule.

Ce qui donne pour l'ensemble : près de 110 mètres carrés de superficie extérieure, sur 65 mètres minimum de superficie intérieure.

Si l'on compare ce logement à certaines habitations orientales, on le trouvera grand relativement, luxueux même, surtout quand on fera réflexion qu'avec ses quatre pièces il ne devait abriter que deux simples femmes : Marie et une servante.

IV. — *Appareil de construction.*

La maison, telle qu'elle est, offre des parties *anciennes* qui semblent primitives, et des parties plus ou moins *postérieures.*

Il n'est pas nécessaire d'être grand clerc pour reconnaître que les murs existants appartiennent à divers genres de construction. Evidemment ces murs ont été plusieurs fois remaniés.

Dire quand, dire comment, préciser la nature de ces remaniements généraux ou partiels, cela n'est point de notre compétence. Il nous sera pourtant permis de dire que dans la *bâtisse actuelle* on peut distinguer cinq genres au moins ou appareils différents.

1° En certains endroits de la partie haute des murs, ainsi que dans l'oratoire principal, le *moderne* est visible. L'appareil de construction est mélangé.

2° Dans la partie moyenne, on trouve *brique et moellon*, la *brique encadrant* le moellon.

3° Dans les deux grands arcs latéraux, dans les portes et les cintres du vestibule, c'est la *brique pure*, et la même brique, dit-on, que celle du Gymnase d'Ephèse.

4° Dans le petit oratoire de la Vierge, ainsi que dans l'octogone, la pierre domine la brique. Ce sont des rangées de moellons alternant avec des rangées de briques.

5° Ce qui apparait du *bas* des murs est de *la pierre*. A l'angle *sud-ouest*, cette pierre prend quasi la forme de petits blocs.

Nous n'en dirons pas davantage pour ne point tomber dans quelque hérésie archéologique. Pourtant nous ajouterons un détail qui a son importance.

Des hommes de l'art ont relevé avec grand intérêt certains *caractères* de la construction, et fait remarquer qu'ils étaient absolument identiques à ceux du Gymnase d'Ephèse. D'où la conclusion que la maison de Panaya-Capouli *pouvait* être contem-

Façade de la Maison de la sainte Vierge.

Dessin d'après nature de **M. P. d'Andria.)**

poraine du Gymnase... donc remonter aux premiers siècles de notre ère.

V. — *Etat actuel.*

On pense bien que la maison n'est pas aujourd'hui absolument *telle que* l'a vue Catherine Emmerich, lorsque la sainte Vierge l'habitait. Deux mille ans ont passé sur elle depuis lors; et il faut tenir compte des effets du temps et de l'action des hommes.

Un premier remaniement eut lieu lorsque les apôtres, comme le raconte Catherine Emmerich, transformèrent la maison *en église,* après la mort de la sainte Vierge.

Ce fut alors sans doute que disparurent le *foyer* et les *cloisons légères* qui séparaient le premier quartier du deuxième quartier. — Alors aussi peut-être que fut ouverte la porte extérieure de la chambre de la Vierge. Alors enfin que fut ajouté le *vestibule actuel,* qui est de la même époque que le reste du bâtiment, comme il apparait du genre de construction, mais qui a certainement été construit après coup, vu qu'il n'est point lié à la construction primitive, mais simplement juxtaposé.

Un deuxième remaniement assez considérable a dû avoir lieu quelques siècles plus tard, à l'époque byzantine peut-être, pour consolider des parties qui menaçaient ruine; peut-être même pour relever entièrement des portions de murs tout à fait tombées.

Combien d'autres remaniements partiels ont dû suivre ceux-là dans cette longue période de vingt siècles!

Mais laissons ce que nous ignorons, pour arriver à nos jours.

Pendant des années et des années, des siècles peut-être, la maison n'a été qu'une ruine abandonnée dans la montagne aux vents des orages et aux pluies de l'hiver.

Toits, voûtes, plates formes, terrasses, sous les coups du temps, se sont successivement écroulés.

Ecroulée aussi, et tout entière, la chambre de gauche dite du mobilier.

Ecroulées en partie la muraille ouest et la muraille sud de la chambre à coucher de la sainte Vierge, avec tout le plancher qui a été défoncé et qui a disparu.

Ecroulés, presque jusqu'au ras du sol, les murs latéraux du premier quartier, avec *les fenêtres élevées* qui les perçaient.

Ecroulé enfin l'oratoire principal, entre les deux angles restés debout. A travers l'énorme brèche

Façade du côté nord de la Maison de la sainte Vierge.

(Dessin d'après nature de M. Pinchon.

laissée ouverte dans la muraille du fond, passaient les branches vigoureuses d'un gros noyer qui avait pris racine dans l'intérieur, à la place même où se dresse aujourd'hui l'autel.

Toutes ces ruines accumulées formaient un amas de décombres remplissant la maison jusqu'à mi-hauteur des murs, et débordant au dehors par les deux grands arceaux demeurés ouverts.

Devant la maison, des ronces, des buissons de toute espèce qui en défendaient l'approche.

Jusqu'en 1864, la maison a offert cet aspect abandonné et lamentable.

Il n'y a guère que trente ans, qu'un homme de Kirkindjé, venu là pour quelques cultures, entreprit non pas de restaurer, mais simplement de nettoyer ces ruines. C'est lui qui a déraciné le gros noyer, refait la grande niche, déblayé l'intérieur, relevé les murs de côté au niveau des autres, percé les nouvelles fenêtres, fermé les arceaux, élevé l'autel, construit la terrasse, exécuté çà et là les réparations les plus urgentes, dégagé les abords, et enfin mis une méchante porte à la maison pour qu'au moins elle ne restât pas ouverte à tout venant.

Aujourd'hui le vestibule est sans voûte ni toit; il n'a qu'une porte, celle du milieu.

Sans toit ni voûte également le bâtiment central,

avec son intérieur d'une seule venue, depuis l'entrée du premier quartier jusqu'à la niche du deuxième quartier. Nous avons indiqué ailleurs la saillie du mur, les arceaux, la niche, les traces de voûte qui distinguent encore le deuxième quartier du premier et marquent nettement la ligne de séparation entre l'un et l'autre.

Le sol actuel est quelque peu au-dessus de l'ancien. Pour avoir moins de décombres à enlever et s'épargner ainsi du travail, l'homme a construit, après la porte d'entrée, un petit mur en demi-cercle, destiné à retenir les déblais qu'il ne voulait pas emporter. Peut-être faudrait-il creuser une cinquantaine de centimètres pour arriver jusqu'au niveau de l'ancien plancher.

Ce qui reste de la chambre du linge, nous l'avons dit, est enfoui sous terre.

La chambre de la Vierge est à jour. Une partie des murs est tombée; mais il en reste assez pour faire comprendre ce qu'elle a pu être. Du côté intérieur, le mur est à peu près entier. Du côté ouest et sud, il a été à moitié démoli. Le côté est, avec le petit oratoire, n'ont que peu souffert.

Le plancher n'existe plus. Une source maintenant jaillit à sa place, juste au milieu de la chambre.

Depuis quand cette source jaillit-elle là? il est dif-

Côté sud de la Maison et Chambre à coucher de la sainte Vierge.

(Dessin d'après nature de M. J. de la Nézière.)

ficile de le dire. Mais ce qui est bien certain, en tous cas, c'est qu'elle est de date absolument récente.

Nous avons eu maintes fois occasion de la voir avant 1894, c'est-à-dire avant qu'on l'ait cimentée et murée comme elle est aujourd'hui. Ce n'était qu'un *trou brut*, avec des arrachements de terre et de pierres, sans marbres, sans briques, sans débris, sans rien, en un mot, qui annonçât quelque chose de ruiné ou d'ancien.

Peut-être serait-on fondé à attribuer le dégagement de cette source aux brigands qui pendant longues années eurent là leur quartier général. La fontaine d'en bas ayant cessé de couler, comme il est arrivé plusieurs fois, par suite d'obstacles qui barraient le passage de l'eau, on est remonté, la pioche à la main, jusqu'à ce qu'on ait retrouvé l'eau. Un petit fossé allant de la fontaine d'en bas à la source de la chambre, et bien visible encore il y a trois ou quatre ans, semble donner tout crédit à cette opinion.

Nous ne quitterons pas la maison de la Vierge — un des grands objets de la vision de Catherine Emmerich — sans faire remarquer, d'une manière générale, la *concordance étonnante* qui existe entre la description faite par la voyante, du fond de sa petite chambre d'Allemagne, il y a près de quatre-vingts ans, et celle que nous venons, nous, présentement de voir passer sous nos yeux.

Sans doute quelques-uns des détails que donne Catherine Emmerich, d'après ses visions, n'existent plus de nos jours. Mais ce qui doit surprendre, ce n'est pas qu'on ne retrouve plus tel ou tel détail d'importance secondaire ; mais bien qu'après deux mille ans, après les ravages du temps et des hommes, après des siècles de ruine et d'abandon, on retrouve encore si fermement dessinées toutes les grandes lignes indiquées par la voyante, et non seulement ces grandes lignes, mais quantité même d'autres détails secondaires et complémentaires. Vraiment, quand on y songe, il y a là quelque chose de merveilleux !

LES ROCHERS ET LA MONTAGNE.

« Derrière la maison, à une distance peu considé-
« rable, des *rochers élevés* conduisaient au sommet de
« la montagne, *duquel* on apercevait la ville d'Ephèse
« et la mer avec ses îles innombrables. Cet endroit
« *est moins éloigné* de la mer qu'Ephèse même qui
« peut en être à quelques lieues. » (Page 462.)

A moins de dix mètres, derrière la maison, commencent les *rochers élevés*. Des terres descendues peu à peu de la montagne se sont accumulées à leur pied ; mais ce qui en paraît encore suffit largement pour justifier l'expression de la voyante. Tels qu'ils sont, ils ne mesurent pas moins de trente mètres de hauteur.

A la suite des rochers vient la montagne. Dans un quart d'heure on peut en atteindre le sommet. De ce sommet on voit effectivement Ephèse d'un côté, autour du Prion, et la mer de l'autre, avec diverses îles ou presqu'îles.

Chose à noter : c'est le seul point de toute cette région d'où l'on puisse apercevoir ainsi, en même temps, Ephèse et la mer. Il est situé à 610 mètres d'altitude.

Catherine Emmerich dit que *l'endroit* est moins éloigné de la mer qu'Ephèse même. D'Ephèse au nouveau port de Scala-Nova, il n'y a pas moins de trois lieues. D'Ephèse à la mer, en ligne droite, du côté de l'ancien port, on compte environ [illegible] kilomètres. De Panaya-Capouli à la mer, en ligne droite également, il n'y a guère plus de 4 kilom.

LE CHATEAU.

« On trouve dans le voisinage un château habité « par un roi, un prince détrôné. » (Page 162.)

A 15 minutes de la maison et à la distance juste d'un kilomètre, en remontant vers le sud-est, le long du ravin, par le chemin d'Azizié, on trouve le château.

Ses débris forment tout un monticule recouvert et caché par des buissons et des ronces. Vers le sommet du monticule, au milieu de ces ronces et de ces buissons, on peut voir des restes de murs assez bien conservés, en gros blocs de pierre qui donnent l'idée d'une construction importante. C'était sans doute la partie centrale de l'ancien château, car lorsqu'on examine attentivement le sol autour de ces ruines, on découvre des murs qui se prolongent dans plusieurs directions avec une épaisseur de 0,80 centimètres, et des longueurs d'une quarantaine de mètres.

Les connaisseurs font remarquer que les blocs de pierre du château rappellent absolument ceux du mur antique de Lysimaque.

LA TERRASSE.

Quand on suivait anciennement *les sentiers étroits du sud*, on arrivait, au sommet de la montagne, à *une terrasse haute et bien plantée*, ayant environ *une demi-heure* de *circonférence*.

On peut d'en bas arriver encore à la terrasse par les anciens sentiers du sud. On peut y arriver aussi plus vite et avec moins de fatigue par le nouveau chemin, en passant devant la maison et le château.

Cette terrasse est à 550 mètres au-dessus de la mer, et aussi de la plaine, à quelques mètres près.

Elle a environ 600 mètres de long sur 200 à 300 de large. Elle s'élève de l'est à l'ouest.

« C'est là que se trouvait jadis la *petite colonie*
« *chrétienne*, et aussi *les jolies grottes* séparées
« l'une de l'autre par des *espaces sablonneux.* »

Il n'y a plus de colonie chrétienne, plus de jolies grottes; mais le sol est resté sablonneux; et peut-être qu'en fouillant bien on découvrirait là, comme en d'autres endroits des environs, non seulement maintes places propres à établir des cabanes légères, mais de plus des débris, des ruines, même des pans de murailles, attestant qu'à une certaine époque, plus ou moins reculée, le pays a été certainement habité.

Les belles plantations du premier siècle ont disparu. Le plateau ne laisse pas d'être toujours fertile et en partie cultivé ; il y croît des orges, du tabac, des poiriers sauvages. La partie la plus élevée, vers l'ouest, seule n'est pas soumise à la culture. Elle est abandonnée aux buissons, aux arbousiers, aux chênes-verts qui la couvrent et en font presque une petite forêt.

Nous arrêterons là notre description. Que de choses il nous resterait à dire avec les documents que nous avons en mains ! Mais le temps n'est pas venu encore. Espérons qu'une *dernière découverte* ne tardera pas à compléter celles qui ont été faites jusqu'à présent. Alors nous pourrons parler du *reste*, et publier tout ce que nous avons recueilli.

Ruines de la partie centrale du vieux Château.

(Dessin d'après nature par M. J. G. Borrel.)

CHAPITRE III

PIÈCES JUSTIFICATIVES.

Quod vidimus oculis nostris, quod perspeximus et manus nostræ contrectaverunt... testamur.

(I S. JEAN, ch. I, v. 1.)

Sous ce titre : *Pièces justificatives*, nous mettons sous les yeux du lecteur divers documents qui peuvent l'éclairer sur la valeur de la découverte et lui certifier du moins la vérité matérielle des choses :

1° Une courte notice sur Catherine Emmerich pour faire connaître celle dont les révélations ont été le point de départ des recherches et la vraie cause de la découverte.

2° Le procès-verbal de la visite officielle faite à Panaya-Capouli par Mgr Timoni, archevêque de Smyrne.

3° Divers témoignages de personnes notables ayant vu Panaya-Capouli et disant leurs impressions.

4° Pour terminer, une pièce officielle établissant la *tradition locale* et la croyance des gens du pays au séjour et à la mort de la sainte Vierge à Panaya-Capouli.

NOTICE SUR CATHERINE EMMERICH.

Anne-Catherine Emmerich, humble religieuse d'Allemagne, née au diocèse de Munster, le 8 septembre 1774, de simples et pauvres paysans de la campagne, morte à Dulmen le 9 février 1824, en grande réputation de sainteté.

Catherine Emmerich est une de ces créatures privilégiées en qui Dieu s'est plu parfois à faire éclater les prodiges de sa grâce et de sa puissance.

Toute petite elle voit les anges, la sainte Vierge, les saints; elle converse naïvement avec eux et elle en apprend des choses qui sont bien au-dessus de son âge et de sa portée. — Où as-tu appris cela ? lui demande son père à la fois surpris et ravi... Et l'enfant de répondre innocemment, sans même se douter du miracle : « C'est mon ange gardien qui me l'a dit. »

Dès qu'elle peut faire quelque chose, elle se livre aux travaux des champs et du ménage, comme toutes les jeunes paysannes de sa condition.

A dix-huit ans elle aspire à se donner à Dieu. Elle frappe, mais en vain, à la porte de trois couvents. Elle est si pauvre, si pauvres aussi sont les couvents, qu'il est impossible de la recevoir.

A vingt-huit ans, après dix ans d'attente, elle réussit à entrer chez les Augustines de Dulmen, 13 novembre 1802, et elle passe neuf ans avec ces religieuses. Ces neuf ans furent pour la pauvre fille un martyre continuel : martyre du corps par les nombreuses maladies qu'elle eut à souffrir ; martyre de l'esprit et du cœur par les contradictions, par les humiliations auxquelles trop souvent elle fut en butte.

Le couvent de Dulmen ayant été supprimé le 3 décembre 1811, sous le gouvernement du roi Jérôme Bonaparte, et les religieuses dispersées, Catherine Emmerich, toujours malade, fut transportée avec peine, vers l'automne de 1812, chez une pauvre veuve de l'endroit et logée dans une mauvaise petite chambre qu'elle ne quittera plus guère qu'à sa mort.

Ses maladies continuent et prennent bientôt un caractère de plus en plus extraordinaire, pour ne pas dire surnaturel. Avec ces maladies, déjà si étonnantes par elles-mêmes, ne tardent pas à se manifester des dons encore plus étonnants. Ainsi, pour ne parler que de ceux-là, elle distingue un objet bénit ou sacré d'un objet non bénit ou profane. Elle reconnaît une relique à première vue ; elle sait de qui est cette relique, d'où elle vient, par où elle a passé, et incontinent, avec des détails inattendus, elle raconte l'histoire de la relique et du saint.

Mais de tous les dons qu'il plut à Dieu de lui accorder, le plus merveilleux fut celui de ces grandes visions dont il la favorisa en particulier les trois dernières années de sa vie.

Tout l'Ancien et le Nouveau Testament lui est montré sous la forme de tableaux vivants. Elle voit les patriarches et les personnages principaux de l'ancienne loi. Elle voit Notre-Seigneur, la sainte Vierge, saint Joseph, les Apôtres, les Disciples. Lieux, choses, gens, usages, costumes, cérémonies, elle voit tout, comme si de fait tout cela était présent à son regard. Et voilà cette humble fille des champs qui n'a jamais étudié, qui est continuellement malade, qui sait tout juste lire et parler le patois de son village, voilà qu'elle débrouille et explique les généalogies les plus obscures ; voilà qu'elle raconte la vie des Apôtres, de la sainte Vierge, de Notre-Seigneur, des patriarches ; voilà qu'elle décrit les lieux, représente les personnages ou les scènes avec une ampleur et une netteté de détails qui confondent.

On pense si tout cela fit du bruit à Dulmen Dès la fin de mars 1813, il n'est plus question dans la petite ville que de Catherine Emmerich. Le monde administratif s'émeut le premier, puis le monde savant, puis le monde religieux à son tour. Police française du roi Jérôme, police allemande et protestante de la Prusse, commissions de médecins, commissions d'ecclésiastiques, chacun voulut faire son enquête et soumit la voyante aux plus rigoureux examens. Mais force fut de se rendre à l'évidence et de constater tant l'entière bonne foi d'Anne-Catherine que l'exactitude parfaite des phénomènes qu'on racontait d'elle.

Des personnages illustres par leur piété, leur talent ou leur position sociale viennent la visiter. Parmi eux, le célèbre comte de Stolberg récemment converti du protestantisme au catholicisme, le savant Mgr Sailer, évêque de Ratisbonne, le vénérable doyen Overberg, qui devint même plus tard son confesseur et son appui, enfin le fidèle Brentano, qui pendant trois ans a la patience de venir chaque jour en quelque sorte s'asseoir au chevet de la malade pour lui tirer morceau par morceau tout ce qu'il peut des visions qu'elle a eues afin de les consigner immédiatement par écrit et de n'en rien laisser perdre pour l'édification des âmes pieuses de l'avenir.

Nous n'ajouterons qu'un mot à cette notice. Il y a aujourd'hui soixante-douze ans pleins que Catherine

Emmerich est morte. Ses Révélations recueillies pieusement et scrupuleusement par Brentano ont été traduites en diverses langues et publiées. De grands écrivains, de savants religieux, des chefs d'Ordres, des évêques, des cardinaux leur ont fait le meilleur accueil.

De plus, on poursuit en ce moment, à Rome, le procès de béatification de la voyante, et nous savons de bonne source que de nobles esprits s'intéressent vivement à cette cause.

N'est-ce pas dire assez la haute vertu de Catherine Emmerich, et l'importance que l'on peut *raisonnablement* attacher à ses révélations.

PROCÈS-VERBAL

DE LA VISITE OFFICIELLE FAITE A PANAYA-CAPOULI

Par Mgr André Timoni

Archevêque de Smyrne et vicaire apostolique de l'Asie Mineure.

Nous André-Polycarpe Timoni, archevêque de Smyrne et vicaire apostolique de l'Asie Mineure, ainsi que les soussignés, attestons et certifions ce qui suit :

Des recherches récentes faites d'après les indications de la sœur Catherine Emmerich attirant sérieusement, depuis seize mois, l'attention du pays sur un lieu situé près d'Ephèse et nommé Panaya-

Capouli (Porte de la Vierge), nous avons voulu contrôler par nous-mêmes l'exactitude des rapports qui nous étaient faits.

A cette fin, le jeudi 1er décembre mil huit cent quatre-vingt-douze, nous nous sommes transportés audit lieu de Panaya-Capouli. Là nous avons trouvé les ruines assez bien conservées d'une antique maison ou chapelle dont la construction, au dire d'archéologues compétents, pouvait remonter au Ier siècle de notre ère, et qui, tant pour *la position* que pour le *plan intérieur*, répond pleinement et entièrement à ce que dit Catherine Emmerich, dans ses Révélations, de la maison de la sainte Vierge à Ephèse.

I. — *Pour la position.*

La voyante dit : *A environ trois lieues ou trois lieues et demie d'Ephèse... — A gauche de la route lorsqu'on vient de Jérusalem — sur une montagne — à laquelle on arrive par d'étroits sentiers qui sont au sud d'Éphèse, — et du sommet de laquelle on voit Éphèse d'un côté, la mer de l'autre... et la mer plus rapprochée qu'elle n'est d'Éphèse...* (*Vie de la sainte Vierge*, par Catherine Emmerich, 6e édition, Castermann, 1878, pages 461, 462, 471.)

Tous ces détails sont rigoureusement *exacts* :

Nous avons mis d'Éphèse à la maison près de trois heures pour monter et deux heures pour descendre.

C'est bien à gauche de la route lorsqu'on vient de Jérusalem — c'est bien sur une montagne — c'est bien par des sentiers étroits, au sud d'Éphèse, qu'on arrive à cette montagne — et du sommet de cette montagne, on voit effectivement : d'un côté Éphèse, de l'autre côté, la mer — et la mer plus rapprochée qu'elle n'est d'Éphèse.

La voyante dit encore : *que derrière la maison — à peu de distance — sont des rochers élevés... — que dans le voisinage, il y avait un château habité par un prince détrôné, ami de saint Jean — que vers le sommet de la montagne, se trouvait une terrasse haute et bien plantée...* (Pages 461, 462.)

A douze mètres derrière la maison sont des rochers à pic qui mesurent de 40 à 50 mètres de hauteur. A 15 ou 20 minutes de là sont les ruines, en gros blocs, d'un ancien édifice rectangulaire que l'on peut supposer être le château. — La terrasse existe toujours ; c'est aujourd'hui un champ de tabac.

La voyante enfin parle *d'un petit bois qui se trouvait non loin de la maison...* — et *d'un cours d'eau singulièrement sinueux que l'on apercevait entre la montagne et Éphèse.* (Pages 462-466.)

On rencontre, à cinq minutes de là maison, un petit vallon tout rempli d'arbustes; un peu plus loin, plus bas et vers la gauche, un bouquet d'arbres. Sont-ce là les restes du petit bois ? — On ne peut ni nier ni affirmer.

Le cours d'eau a disparu, mais il a certainement existé comme il apparaît : 1° des cinq ou six torrents qui sillonnent encore la partie de plaine désignée par Catherine Emmerich ; 2° des auteurs, en particulier de M. G. Weber qui parle même, après Strabon, de deux ruisseaux tombant l'un dans l'autre et qu'il nomme l'un Marnas et l'autre Sélinus.

II. — *Pour la maison elle-même.*

Catherine Emmerich dit que la *maison est en pierres* — et qu'elle se compose de *deux pièces*, une *antérieure* et une *postérieure*. (Pages 462-463.)

La maison est en pierres effectivement et (en partie du moins) de même construction que le Gymnase d'Éphèse.

Les deux pièces existent : l'une en avant, l'autre en arrière, à la suite de la première. Ces deux pièces sont aujourd'hui précédées d'un vestibule ; mais il est facile de constater que le vestibule, bien que du même siècle que le reste, a été cependant ajouté après coup. Il n'est point lié à la construction principale, mais simplement juxtaposé.

Elle dit que *la maison se terminait par une plate-forme — que le plafond de la deuxième pièce formait voûte...* (Pages 462-463.)

La plate-forme ou toiture a entièrement disparu; on n'en peut donc rien dire. Le toit de la deuxième pièce a disparu de même; mais sur les deux murs de côté, la naissance d'une voûte est parfaitement visible.

Elle dit que *la pièce postérieure se terminait par une demi-circonférence* — et que *le fond de cette pièce formait l'oratoire de la sainte Vierge...* (Page 463.)

Le fond de cette pièce se termine, en effet, par une grande niche formant une saillie ronde au dehors, et pouvant très bien, à l'intérieur, recevoir un autel.

Elle dit que *les fenêtres étaient placées à une hauteur considérable* et que *la deuxième pièce était plus obscure que la première...* (Pages 462-463.)

Il n'y a point trace de fenêtres dans la muraille, si ce n'est à 2 mètres 50 au-dessus du sol.

Que la pièce postérieure ait été plus obscure que la première, il est facile de le comprendre; cette pièce ne pouvant recevoir du jour que par le fond, et encore par une seule fenêtre très étroite qui est à plus de 3 mètres de hauteur.

Elle dit que *la deuxième pièce est séparée de la première par le foyer placé entre les deux et par deux portes légères s'appuyant de chaque côté sur le foyer.* (Pages 462-463.)

Foyer et portes ont disparu très probablement lorsque les apôtres transformèrent (au rapport de Catherine Emmerich, page 507) l'humble maison en chapelle. Mais deux saillies du mur, à droite et à gauche, juste entre les deux pièces, indiquent clairement aujourd'hui encore où devaient se trouver ce foyer et ces portes.

Elle dit : *A droite de l'oratoire, s'appuyant contre une niche formée par la muraille, était la chambre à coucher de la Vierge. — En face, et à gauche de l'oratoire, on trouvait une autre chambre pour le linge et le mobilier.* (Page 465.)

Les portes qui donnaient accès de l'oratoire dans les deux chambres dont parle Catherine Emmerich, sont actuellement murées, mais tout à fait apparentes. La chambre de gauche ou du linge est enfouie sous terre ; on n'en peut rien dire pour le moment.

La chambre de droite ou de la Vierge est en ruines, mais à jour. On voit très bien la niche contre laquelle s'appuyait la chambre, le fond où était le lit, l'oratoire voisin de la couche. (Page 492.)

Elle dit que *la couchette de la Vierge, appuyée contre le mur, était haute d'un pied et demi et n'avait qu'une longueur et une largeur fort ordinaires.* (Page 465.)

Au fond de la chambre, à 0 m. 45 c. du sol, il y a dans le mur une saillie qui semble avoir été disposée tout exprès pour servir de support à la couchette de la Vierge.

Elle dit enfin *qu'un rideau, allant d'une chambre à l'autre, fermait l'oratoire situé entre elles.*

La chose est évidente à la simple inspection des lieux.

CONCLUSION.

Ayant lieu d'une part, vu les hommages rendus tant à la bonne foi qu'à la vertu de Catherine Emmerich par ses supérieurs et ses contemporains, de penser que ses Révélations méritent au moins une certaine créance ;

Constatant, d'autre part, livre en main et de nos yeux, la conformité parfaite qui existe soit pour le lieu, soit pour la maison elle-même, entre les ruines que nous avons visitées et ce que dit la voyante de la maison de la sainte Vierge à Éphèse ;

Sachant de plus que les traditions locales, encore

tout dernièrement et tout spécialement consultées à ce sujet, affirment de la manière la plus positive que la sainte Vierge a habité en trois endroits différents, aux environs d'Éphèse, et en dernier lieu à Panaya-Capouli où elle serait morte et où elle aurait son tombeau ;

Nous inclinons fortement à croire que les ruines de Panaya-Capouli sont vraiment les restes de la maison habitée par la sainte Vierge, et nous prions cette bonne Mère de nous aider à faire pleine lumière sur une question qui intéresse à si haut point l'Église de Smyrne d'abord, puis l'univers catholique tout entier.

† A.-P. Timoni,
Arch. de Smyrne, vic. ap.

Varthaliti, *chanoine*,
Chancelier de l'Archevêché.

D. Eugène Hambar,
Chanoine de la basilique Saint-Jean.

Jules Borrel,
Directeur de la Poste française, à Smyrne.

L'abbé Octave Mirzan,
prêtre de la basilique Saint-Jean-l'Evangéliste.

Giuseppe Morroni,
Maestro di cappella.

Vasseur,
p. d. l. M.

E. Poulin,
Supérieur du Collège de la Propagande, à Smyrne.

H. Jung, *p. d. l. M.*
Professeur de sciences.

G. Binson,
Entrepositaire de la Régie Ottomane des Tabacs, à Smyrne.

G. Dumond,
p. d. l. M.

Paul d'Andria,
Ingénieur.

ATTESTATIONS DIVERSES.

OFFICIERS DU *Troude*,

Nous soussignés ayant visité Panaya-Capoulou avons constaté qu'il existe une concordance frappante entre ce que nous avons vu du site, de ses environs, de son orientation, des distances, de la disposition de la maison et des autres détails, et ce qu'en a dit Anne-Catherine Emmerich dans ses écrits.

En foi de quoi nous avons signé.

Smyrne, le 6 mars 1893.

Chardon.
Lieutenant de vaisseau, commandant en second du *Troude*.

CANUET,
Enseigne, à bord du *Troude*.

AVOINE,
Commissaire du *Troude*.

MISSIR,
Agent de la Cie Frayssinet, à Smyrne.

CICHY,
Prêtre polonais, professeur de sciences au Séminaire Bulgare de Zeitenlik, Macédoine.

M. LOBRY, Préfet Apostolique, à Constantinople :

22 avril 1893. — Après avoir vu deux fois Panaya-Capouli, je constate une conformité parfaite entre ce que dit Catherine Emmerich et la réalité actuelle.

F.-X. LOBRY.

Le R. P. PELLET, des Missions d'Afrique :

J'ai passé trente-six heures à Panaghia-Capouli, du lundi soir 30 juillet au mercredi matin 1er août 1894.

J'ai eu le temps d'examiner à loisir site et maison.

Jamais je n'oublierai combien j'ai été frappé de la grande ressemblance que j'ai constatée de mes yeux entre Panaghia-Capouli et ce que dit Catherine Emmerich de la maison de la sainte Vierge près d'Éphèse.

ET. PELLET,
P. M.

Le R. P. Eschbach, Supérieur du Séminaire Français de Sainte-Claire à Rome, a visité Panaya en pèlerin. Trois semaines après son pèlerinage, il écrit d'Athènes : «... La très vive impression produite sur moi par ma visite à Panaghia se fortifie à mesure que j'y pense... »

Athènes, 24 mai 1895.

A. Eschbach.

OFFICIERS DE LA *Dévastation*,

Nous sommes montés à Panaghia-Capouli le 15 février 1896.

La maison en ruine et le site que nous avons vus répondent bien à ce que dit Catherine Emmerich de la « Maison de la sainte Vierge » et de la situation de cette maison dans le voisinage d'Éphèse.

Signé :

Ch. Antoine,
Capitaine de vaisseau, Commandant de la *Dévastation*.

Docteur G. Géraud,
Médecin de Division.

Carré,
Lieutenant de vaisseau.

Franques,
Enseigne de vaisseau.

LAPOINTE,
Enseigne de vaisseau.

E. LEGROSDIDIER,
Aspirant de 1re classe.

M. FENAYRON,
Aspirant de 1re classe.

Avril 1896. — Docteur NÉIS, Médecin principal de la Marine, — ancien membre de la Commission française de délimitation du Tonquin, — explorateur en Indo-Chine, etc. :

« Ayant appris que depuis plusieurs années « quelques prêtres » de Smyrne étaient persuadés qu'ils avaient découvert près d'Éphèse la maison où la sainte Vierge avait passé les dernières années de sa vie et où elle était morte ; sachant qu'ils avaient été conduits à cette découverte et à cette conviction par les Méditations de la sœur Catherine Emmerich recueillies par Clément Brentano, et ayant été frappé de la précision des détails, au point de vue topographique et architectural, donnés dans cet ouvrage, j'étais extrêmement curieux de vérifier sur les lieux mêmes l'exactitude de ces indications minutieuses données par une personne qui n'avait jamais pu se rendre sur les lieux.

Je fus donc bien heureux de partir le 7 avril au

matin, accompagné de « celui-là même » qui le premier avait découvert ces lieux, et « d'un de ses confrères » pour visiter cette montagne, cette terrasse, cette maison dont parlait Catherine Emmerich. Guidé par ces Messieurs, j'ai visité, le livre sous les yeux, tous les lieux décrits par la sœur de Dulmen, et j'ai pu constater réellement l'exactitude de son récit.

Sans entrer ici dans les détails, après nous être rendu compte de la distance de ces lieux à Éphèse, en passant par les seuls chemins qui existassent, il y a peu d'années, de leur orientation, de leur disposition, nous nous arrêterons un instant sur l'ancienne chapelle, dans laquelle on reconnaît la maison de la sainte Vierge.

Malgré l'état de ruine où elle se trouve, les reconstructions de diverses époques que l'on y remarque, on reconnaît parfaitement dans les principaux détails la maison décrite par Catherine Emmerich, maison d'une forme toute particulière et peu commune, que je ne sache pas avoir été retrouvée dans les chapelles de la même époque.

L'époque de la construction est indiquée par des restes encore fort visibles, bâtis de briques et de pierres reliées par un ciment très dur. On les retrouve entre autres : à la porte d'entrée de la partie surajoutée à l'entrée même de la maison, partie non jointe au bâtiment principal, mais bâtie vers la même époque que lui; — dans le mur du fond de la partie nord; — dans les voûtes du fond de l'oratoire et de la chambre attribuée à la sainte Vierge.

J'ai aussi été conduit aux ruines de l'ancien château, bâti de grosses pierres sèches, bien équarries; puis, laissant la terrasse située près du château, au sommet de la montagne qui domine la maison au sud, d'où l'on aperçoit d'un côté la plaine d'Éphèse avec ses ruines, de l'autre la mer avec l'île de Samos, dont les nombreuses découpures simulent une multitude d'îlots.

Enfin nous avons visité une série de petites enceintes, au nombre de dix à douze (je ne les ai pas comptées), de diverses grandeurs et formées de pierres brutes. Ces enceintes répondraient bien aux stations du Chemin de Croix, que Catherine Emmerich décrit comme ayant été marquées par la sainte Vierge et aménagées par les apôtres.

Elles ne se distinguent pas à première vue; il faut les chercher pour les reconnaître. Les pierres qui les forment ressemblent à toutes celles qui sont éparses sur ce terrain caillouteux; mais de même que pour les cromlechs celtiques, auxquels elles ressemblent, le fait que plusieurs pierres debout se trouvent rangées, dans un ordre régulier, affirme le travail de l'homme.

Je pourrais ajouter bien d'autres observations. Celles qui précèdent suffisent à expliquer pourquoi je suis revenu de cette excursion émerveillé de tout ce que j'y avais examiné.

Smyrne, le 16 avril 1896.

Docteur Paul Néis.

ATTESTATION

De MM. Pinchon, J. de la Nézières et Avelot, élèves de l'école des Beaux-Arts et attachés à la *France illustrée*, etc., etc., etc.

Etant de passage à Smyrne, nous avons entendu parler pour la première fois des Révélations de la sœur Emmerich au sujet de la maison de la Vierge située aux environs d'Éphèse.

La description qu'en a faite la sœur Emmerich correspond, nous dit-on, d'une manière absolument exacte avec celle d'une petite maison trouvée récemment au Bulbul-Dagh, à quelques kilomètres d'Éphèse.

L'étrangeté de la nouvelle nous donna immédiatement le désir d'aller contrôler par nous-mêmes sur la montagne l'authenticité de la découverte.

Il faut l'avouer aussi, les tableaux poétiques que nous en avaient tracés M. Borrel et M. l'abbé Jung étaient bien faits pour monter l'imagination de trois rapins.

Loin d'être déçus, nous pouvons affirmer que nos espérances ont été surpassées. Nous en sommes revenus trois fois plus riches que nous ne l'étions à notre départ : nous avions une ample moisson d'impressions artistiques — le souvenir de deux bonnes journées passées dans la compagnie du plus charmant des hôtes et du meilleur des camarades — enfin une foi complète, absolue, dans l'authenticité de la Panaghia-Capouli.

Les preuves sont trop nombreuses, trop palpables, se coordonnent trop bien pour qu'un homme de bonne foi puisse un seul instant les mettre en doute.

PINCHON,
J. DE LA NÉZIÈRES,
H. AVELOT.

Smyrne, 2 mai 1896.

NOTES ET IMPRESSIONS

RECUEILLIES SUR LE LIVRE D'HOTEL D'ÉPHÈSE

14 décembre 1892. — De Montigny, journaliste, Paris, a pris part à l'ascension et au pèlerinage de Panaya-Capouli *en croyant.*

---

26 avril 1893. — Antoine de Mandat-Grancey, aspirant de marine à bord du *Formidable :*

Combien j'aurais voulu rester plus longtemps et contempler avec plus de loisir Panaya-Capouli où tant de raisons m'attiraient depuis deux ans ! Mon dernier souhait est de pouvoir y revenir plus tard grâce aux hasards de... la Providence.

---

26 avril 1893. — Commandant Cordier, du *Formidable :*

Je souhaite à tous de ne pas s'arrêter trop longtemps à Éphèse et d'aller dans la montagne à Panaya-Capouli. Ils y trouveront une ample compensation aux petites fatigues du voyage et en rapporteront des souvenirs inoubliables.

---

17 mai 1894. — Comtesse Arabella Loughnan, Angleterre.

J'ai passé de nouveau trois jours délicieux à l'aimable Panaya-Capouli. O ruines aimées, chères à mon cœur entre toutes les autres! douce, antique, sainte habitation de Marie, notre bénie Dame la sainte Vierge!

Combien heureuse serais-je si je pouvais souvent revenir visiter ce lieu charmant, m'y attarder, y prier, y rester.

(Traduit de l'anglais littéralement.)

---

9 septembre 1894. — Heureux à tous égards de sa visite à Panaya-Capouli et désireux de la renouveler le plus souvent possible.

G. CHAMPSAUR.

Chose curieuse! sur ce registre d'hôtel ouvert à tout venant, et où qui veut écrit ses réflexions même les plus drôlatiques, on ne trouve aucune note discordante sur Panaya-Capouli!

Une observation encore avant de clore cet article. Les attestations écrites et signées que nous venons de reproduire sont en général *très réservées*. Elles devaient l'être. Il faudrait, pour en comprendre toute la force, avoir entendu comme nous les paroles ou lu les lettres qui les accompagnaient.

L'auteur d'une des plus discrètes, après avoir longuement étudié le récit de Catherine Emmerich et visité ensuite Panaya-Capouli, livre à la main, nous disait textuellement ceci : *Ce que j'ai lu, je l'ai vu!* — Et pour exprimer encore mieux la conformité merveilleuse qu'il avait constatée de ses propres yeux, il employait cette tournure étrange : *On croirait les lieux construits d'après la description de Catherine Emmerich.*

La position, le caractère, l'intelligence de celui qui parlait ainsi donnent à ses paroles une autorité toute particulière.

Que ne pouvons-nous aux témoignages écrits et signés ajouter ceux rendus de vive voix! Mais cela ne rentre pas dans notre plan.

Il y en a un pourtant que nous ne saurions taire, sûrs d'avance de n'être point désavoués ; c'est celui d'un homme que l'on trouve mêlé dans toutes les bonnes causes. Son nom et son talent sont bien connus à Smyrne.

Après avoir passé des jours et des semaines à Panaya-Capouli, mesurant, dessinant, levant des plans, dressant des cartes, ce partisan convaincu de Panaya résumait sa pensée dans cette parole aussi originale qu'énergique : « Maintenant, des millions d'hommes peuvent venir à Panaya ! — Ils n'y verront pas autre chose que ce que nous y voyons ! » c'est-à-dire la maison décrite par Catherine Emmerich.

TRADITION LOCALE

SUR ÉPHÈSE ET PANAYA-CAPOULI

Les Kirkindjiotes sont les seuls descendants connus des anciens Éphésiens.

Après la prise de la ville par les Turcs, sept familles éphésiennes tombées dans l'esclavage ayant réussi à s'échapper se réfugièrent dans la montagne et s'y tinrent cachées. Elles finirent, avec le temps, par former un village au lieu dit *Kirkindjé*. Ce village compte aujourd'hui mille trente maisons et plus de quatre mille habitants, tous chrétiens, mais grecs de religion. Il est seul, isolé et comme perdu dans la montagne, à deux heures et demie au moins, si ce n'est à trois heures du centre habité le plus proche, qui est Aya-Soulouk.

Comme il y avait un intérêt majeur à connaître les traditions locales, on s'est mis en rapport avec les gens de Kirkindjé par le moyen de leur maire, homme instruit qui exerce les fonctions d'avocat au

Conak de Smyrne. Cet honorable monsieur a bien voulu se charger de transmettre lui-même à ses compatriotes certain nombre de questions préparées d'avance et aussi de nous en rapporter exactement les réponses.

Nous donnons telles quelles, ci-dessous, questions et réponses, le tout traduit littéralement du grec mélangé de turc.

QUESTIONS ET RÉPONSES

1° *Comment s'est formé le village de Kirkindjé?*

Rép. — Le village de Kirkindjé s'est formé par le moyen de *sept* familles tombées dans l'esclavage, après la prise de la ville d'Éphèse.

Ces sept familles trouvèrent le moyen d'échapper aux Turcs et se réfugièrent sur les montagnes d'Éphèse, dans les environs de cette ville, cherchant un endroit où elles pussent se cacher. Elles choisirent cet endroit comme étant tout à fait écarté, et elles y fixèrent leur demeure.

Plus tard les Turcs rencontrant ces réfugiés s'enquirent de leur demeure. Ceux-ci répondirent : Nous habitons dans un lieu où l'eau est bonne, où le climat est bon, mais où le sol est *un peu mauvais.* —

« Souyou guzel, thavassi guzel, yér bir az tchirkindjé. » D'où le village a pris son nom de Tchirkindjé ou Kirkindjé.

Le village est *bâti* depuis environ 200 ans. Il y a un siècle, on ne comptait que quatre-vingts maisons ; aujourd'hui elles s'élèvent au nombre de mille trente.

2° *De quel côté pense-t-on que se trouve le tombeau de saint Jean?*

Rép. — A l'ouest d'Éphèse, sur la montagne de Sevghili-Dagh — *aimable montagne*, — aujourd'hui Aghedin pèlémana-Dagh, du côté du nord, sur le flanc de la montagne près de l'ancienne agora d'Éphèse, appelée aujourd'hui *sirevler*, à la distance d'une heure de la station du chemin de fer.

3° *Où se trouve l'église Saint-Jean?*

Rép. — A l'ouest de la station du chemin de fer, à la distance de vingt minutes de la porte d'entrée du château.

4° *Que dit-on sur Kryphi-Panaya?*

Rép. — Après le crucifiement de Notre-Seigneur Jésus-Christ à Jérusalem, notre sainte Vierge Mère de Dieu était sous la garde de saint Jean; et ils vinrent à Éphèse; et la Vierge se fit une grotte à l'ouest de la ville d'Ephèse sur le mont dit *Boudroun* vers le nord. Cette habitation est éloignée d'une demi-heure du tombeau de saint Jean, et d'une heure et demie de la station du chemin de fer. Et à cause de la persécution des païens, la Vierge s'y cachait, et on appela cette grotte *Ghizli-Panaghia* ou *Kryphi*-Panaghia, c'est-à-dire la *Vierge* cachée. On en fait la fête le jour de la *Zoodokou-Pyghis — source de vie*, — le vendredi après Pâques.

5° *Que dit-on sur Kavakli-Panaghia?*

Rép. — La sainte Vierge, à cause de la persécution des païens, quitta le séjour de Kryphi-Panaya et se porta vers le sud, à une heure de là, dans un endroit situé à Kavakli. En cet endroit, alors comme aujourd'hui, il y avait des platanes (*peupliers ?*)... de là le nom de Kavakli-Panaghia. Et on en fait la fête le 21 novembre, jour de la Présentation. Cet endroit est éloigné d'une heure et demie de la station d'Aya-Soulouk.

6° *Que dit-on au sujet du séjour de la sainte Vierge à Éphèse?*

Rép. — On ne sait rien là-dessus.

7° *Que dit-on de Capouli-Panaghia ?*

Rép. — La Vierge quitta Kavakli-Panaghia et se

porta vers l'ouest sur le mont Bulbul-Dagh — *mont du Rossignol,* — à une distance de deux heures de la station d'Aya-Soulouk ; et c'est là, dans sa demeure de Capouli, qu'eut lieu sa « *Dormition* » ; et on en fait la fête le 15 août.

8° *Depuis quand Capouli-Panaghia est-il habité ? Et a-t-on vu des étrangers aller visiter le pays en cet endroit ?*

Rép. — Ce que l'on sait sur Panaghia-Capouli remonte aux anciennes générations.

Un vieillard, il y a de cela quatre-vingt-dix ans, témoignait et racontait que le tombeau de notre sainte Vierge Mère de Dieu se trouve à Capouli, et qu'il le connaissait. Il disait encore qu'Aya-Soulouk était réellement un lieu saint, et qu'on l'avait ainsi nommé parce que Aya-Soulouk — *Sainte Eau* — signifie *un lieu saint* avec *Eau bénie,* Ayasma. On disait alors, comme aujourd'hui, que le lieu du pèlerinage est bien ici.

Quant à des voyageurs à Capouli, on n'en a pas vu depuis trente ou quarante ans, c'est-à-dire de connaissance d'homme. On en rencontre souvent au théâtre, au temple de Diane, à la prison de Saint-Paul, à l'Agora, mais ailleurs non !

10° *Indépendamment de Kryphi, Kavakli, Capouli-*

Panaghia, y a-t-il encore quelque autre église, dédiée à la sainte Vierge ?

Rép. — Outre ces trois sanctuaires, on compte à Éphèse ou aux environs *trente-trois* églises ou sanctuaires.

Ces renseignements sont donnés par *tout le village* de Kirkindjé.

En conséquence, je soussigné, issu de ces anciennes familles dudit village, en reconnais le bien fondé et la parfaite vérité, et en assume toute la responsabilité.

Fait à Kirkindjé, le 2/14 décembre 1892.

M. Constantinidhis.

Nota. — Ces réponses des Kirkindjiotes, toutes en faveur de Panaya-Capouli, sont d'autant plus curieuses que le clergé grec entier est pour Jérusalem.

D'où vient chez le peuple du pays cette croyance à la mort de Marie à Éphèse, lorsque son clergé est unanime à lui enseigner qu'elle est morte à Jérusalem ?

Il est difficile de ne pas reconnaître là une tradition populaire, passée de génération en génération et persistant dans les familles, comme celle du Purgaloire, comme d'autres encore, en dépit de l'enseignement contraire du clergé dit *orthodoxe*.

Faut-il ajouter à l'appui de cette tradition que, de temps immémorial, tous les ans, et deux ou trois fois par an, en particulier au temps de l'Assomption, les Kirkindjiotes viennent, par troupes et à pied, en pèlerinage à Panaya-Capouli et là font dire des messes dans la chapelle en ruine ?

Pourquoi ce long pèlerinage de cinq lieues au moins, à pied, par de mauvais sentiers ?

Pourquoi cette messe au milieu de ruines, lorsqu'il y a tant d'autres chapelles en bon état, ayant du renom, et situées beaucoup plus près ?

Un Kirkindjiote, témoin oculaire depuis bientôt quarante ans, raconte ainsi la manière dont s'accomplissait jadis ce pèlerinage.

La veille du pèlerinage, des hommes partaient en avant pour *débroussailler* les abords de la maison et en permettre l'approche. Le jour venu, hommes, femmes, jeunes gens, jeunes filles, enfants arrivaient avec le prêtre. On établissait un autel provisoire sur les décombres mêmes remplissant la chapelle. La messe dite, on défaisait l'autel, et on reprenait, après un peu de repos, le chemin de Kirkindjé.

Et les brigands établis là ?... lui demandâmes-nous.

Les brigands, nous répondit-il, savaient que nous n'étions tous que de pauvres gens, et ils laissaient passer les personnes du village, ainsi que les bergers. Au besoin, on leur donnait du pain ; on leur abandonnait un mouton.

Et dire que toutes ces choses étaient restées jusqu'à ce jour ignorées du public et connues des seuls habitants de ce village perdu dans les montagnes ! L'isolement et le défaut de communications suffisent à tout expliquer.

CONCLUSION

Nous avons dit comment on a été amené à chercher et ce qu'on a trouvé.

Nous avons mis ensuite sous les yeux du lecteur tous les documents propres à l'éclairer.

Que chacun voie et juge !

A ceux qui, nouveaux Thomas, persisteraient à contester et à nier en dépit des témoignages, nous n'avons qu'une réponse à faire : celle de Notre-Seigneur au premier saint Thomas : *Veni et vide !* Venez ! et voyez vous-mêmes !

Un mot encore. Nous avons dit en commençant que nous ne cherchions que la lumière. Nous le répétons en finissant : Nous ne cherchons que la lumière.

Que si donc quelqu'un avait par devers soi des pièces absolument *probantes* contre le séjour et la mort de la sainte Vierge à Éphèse ou aux environs d'Éphèse, au nom de la vérité ! au nom de la Religion ! au nom de la sainte Vierge et de Dieu ! nous le prions, nous le supplions de vouloir bien nous en donner connaissance !

Nous n'avons *aucun intérêt* à aller contre la vérité.

Ou l'*Œuvre de Panaya-Capouli* est de Dieu, ou elle n'est pas de Dieu. Si elle est de Dieu, les oppositions n'y pourront rien ; elle triomphera ! Si elle n'est pas de Dieu, qu'elle tombe ! et qu'il n'en soit plus question jamais !

Amen !

TABLE DES MATIÈRES

AVIS AU LECTEUR. 5
CHAPITRE Ier. — Comment on a été amené à chercher. . 7
CHAPITRE II. — La Route. 17
Le Site. 22
La Maison. 25
I. — Position et Orientation. 26
II. — Forme et Plan général. 26
III. — Dimensions. 36
IV. — Appareil de construction. 41
V. — Etat actuel. 45
Les Rochers et la Montagne. 54
Le Château. 56
La Terrasse. 57
CHAPITRE III. — Pièces justificatives. 61
Notice sur Catherine Emmerich. 62
Procès-verbal de la visite officielle faite à Panaya-Capouli par Mgr l'Archevêque de Smyrne. . . . 66
I. — Pour la Position. 67
II. — Pour la Maison elle-même. 69
Conclusion. 72
Attestations diverses. 73
Notes et impressions recueillies sur le livre d'hôtel d'Ephèse. 82
Tradition locale. 85
CONCLUSION. 93

TABLE DES GRAVURES

Carte des environs d'Éphèse. 7
Profil des montagnes au sud d'Éphèse. 17
Panorama général. 23
Plan de la maison de la Vierge. 29
Chambre de la Vierge. 33
Intérieur de la maison (Vue prise de la porte). . . . 37
Intérieur de la maison. 39
Façade de la maison. 44
Côté nord de la maison. 48
Côté sud de la maison. 52
Plan du massif du Bulbul-Dagh. 55
Le Château. 59

POITIERS. — TYPOGRAPHIE OUDIN ET Cie.

www.ingramcontent.com/pod-product-compliance
Lightning Source LLC
LaVergne TN
LVHW020411230826
846091LV00004B/1242

* 9 7 8 2 0 1 2 8 3 7 1 7 1 *